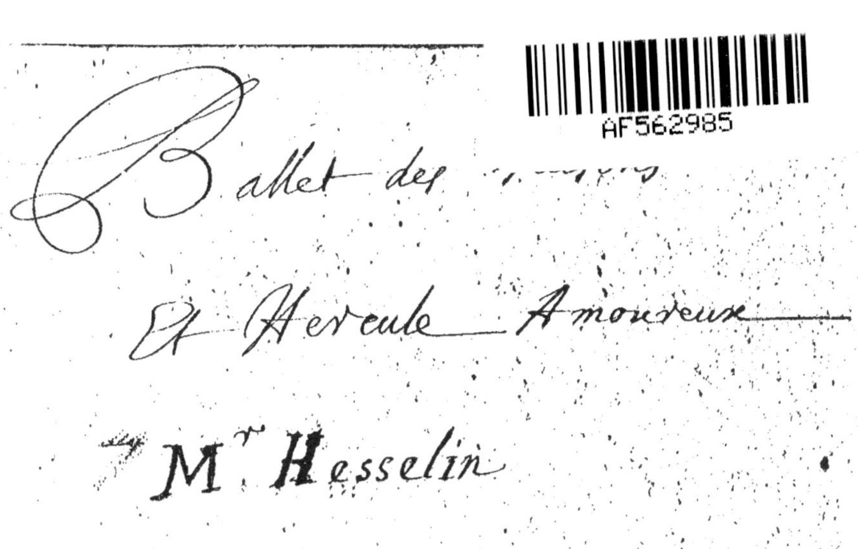
AF562985
Ballet des
Et Hercule Amoureux
Mr Hesselin

BALLET
DES SAISONS.

Dansé à Fontainebleau par sa Majesté le 23. Iuillet. 1661.

A PARIS,
Par ROBERT BALLARD, seul Imprimeur du Roy pour la Musique.

M. DC. LXI.
Auec Priuilege de sa Majesté.

BALLET DES SAISONS

AVANT-PROPOS.

E sujet de ce Ballet est tiré du lieu où il se danse, & les agreables deserts de Fontainebleau deuenus frequents par le seiour de la plus belle Cour qui fut iamais, les Bergeres qui les habitent en tesmoignent leur ioye par vn Concert, auquel plusieurs Bergers& quelques Faunes se meslent : Diane & ses Nymphes, que le plaisir de la Chasse attire en ces Forests, paroissent en suite : Les Saisons y succedant les vnes aux autres, chacune marquée par vn changement de Theatre, produisent les Entrées du Ballet, & la derniere comme desagreable & infructueuse en est chassée par le retour d'vn eternel Printemps qui doit regner à iamais en ce lieu bien-heureux, où tout ce qui peut regarder la gloire, la prosperité, & le plaisir, contribuë à l'agreément de ce Ballet.

OVVERTVRE.

Chœur des Bergers.

Vi dans la Nuit rameine le Soleil?
On ne void point les étoiles si belles,
C'est luy qui vient en superbe appareil
Répandre icy mille clartez nouuelles.

PREMIERE ENTRE'E.

SIx Faunes paroissent les premiers, suiuis d'vne grande troupe de concertans & surprennent les spectateurs par vne danse rustique & extraordinaire.

Faunes, Messieurs Coquet, & Bruneau, les Sieurs Des-Airs, De St. André, Reynal, & De Lorge.

LEs Concertans s'ouurent des deux costez, & font place au Theatre qui s'estant aduancé de plus de cent pas s'arreste en fin aussi ferme & aussi solide que s'il n'auoit point changé de lieu, & orné d'vn nombre infiny de Fontaines, de Iets d'eau, & de Cascades, qui font vn merueilleux effect parmy les lumieres dont il est esclairé; vne montagne s'y descouure qui porte Diane au plus haut de son sommet, accompagnée de toutes ses Nymphes; tant de beautez formant le plus agreable object du monde, pendant qu'elles viennent à paroistre, la Nymphe de Fontainebleau chante le Recit.

Nymphe de Fontainebleau, Mademoiselle Hilaire.

RECIT.

Bois, Ruisseaux, aymable verdure,
Lieu charmant & delicieux
Qu'auec soin l'Art & la Nature
Ont fait tout exprés pour les Dieux
Quand ils sont ennuyez des Cieux:

Redoublez vos attraits pour la Troupe immortelle
Qui vient gouster icy les plaisirs les plus doux,
Il n'est rien de si beau que vous,
Il n'est rien de si noble qu'Elle.

Le Chœur des Bergers. *Qui dans la Nuit, &c.*

La Nymphe reprend.

Les soupirs, les plaintes, les larmes
Ne font point chez vous leur sejour,
Tout y rit loin du bruit des Armes;
Et tous vos Echos d'alentour
Ne sçauroient parler que d'amour.
Redoublez vos attraits, &c.

Le Chœur des Bergers. *Qui dans la Nuit, &c.*

II. ENTRÉE.

Diane & ses Nymphes.

Diane, MADAME.

Nymphes, La Duchesse de Valentinois, Mademoiselle de Montbason; Madame de Gourdon, Mademoiselle du Foüilloux, Mademoiselle de Chemerault, Mademoiselle de la Mothe, Mademoiselle de Meneuille, Mademoiselle Des-Autels, Mademoiselle de la Valiere, Mademoiselle de Pont.

Pour MADAME, *representant Diane.*

Diane dans les bois, Diane dans les Cieux,
Diane enfin brille en tous lieux,
Elle est de l'Vniuers la seconde lumiere,
Elle enchante les cœurs, elle éblouït les yeux,
Glorieuse sans estre fiere,
Adorable en toute maniere,
L'on a de sa vertu si bonne opinion
Qu'on ne sçauroit iamais y trouuer à redire;
Cependant puisqu'il faut tout dire
Elle passe les nuicts auec ENDYMION.

Pour la Ducheſſe de Valentinois, *Nymphe.*

DEmeurez parmy nous
Obiet charmant & doux,
Si vous auez beſoin
De bois & de rochers,
Et qu'ils vous ſoient ſi chers,
N'en cherchez pas plus loin.

Pour Mademoiſelle de Montbazon, *Nymphe.*

LA douce force de vos yeux
Agit non ſeulement ſur tous tant que nous ſommes,
Mais elle va plus loin penetrant juſqu'aux Dieux
Qui ne dédaignent pas d'eſtre du gouſt des Hommes
Puis que pour vous auoir ils ont quitté les Cieux.

Madame de Gourdon, *Nymphe.*

QVe l'Amour ſoit par tout reconnu pour vainqueur;
Qu'à le faire valoir chacune s'intereſſe;
Pour moy je me ſens libre, & n'ay rien dans le cœur
Que le ſoin de ſeruir ma diuine Maiſtreſſe.

Mademoiſelle du Foüilloux, *Nymphe.*

A Mon gré l'inconſtance eſt vn defaut eſtrange
Le plus ſeur eſt de fuir ce dangereux vainqueur,
Mais quand on a tant fait que d'accepter vn cœur
Il eſt beau d'en ſçauoir toujours garder le change.

Mademoiſelle de Méneuille, *Nymphe.*

APres vn fort long examen
Et de l'Amour, & de l'Hymen
Que font les Nymphes d'ordinaire
Qui n'ont rien de meilleur à faire,
Ie dy ſans les vouloir tous deux aprofondir
Qu'à qui s'oſe y fier il faut bien qu'il en coûte,
L'vn met la main au plat vn peu trop toſt ſans doute;
L'autre vn peu trop long-temps le laiſſe refroidir.

Pour Mademoiselle de la Mothe, *Nymphe.*

VOus n'auez pas vn traict où l'Amour ne façonne,
En vos moindres apas ses soins sont éuidens,
Il ocupe au dehors toute vostre personne,
Je sçaurois volontiers ce qu'il fait au dedans.

Mademoiselle de Chemeraut, *Nymphe.*

TOus ces petits chagrins qu'on me voit d'ordinaire
Ie les ay sans sçauoir ny comment ny pourquoy,
Mes yeux en ont menty s'ils disent le contraire,
Des sentimens d'amour sont des horreurs pour moy.

Pour Mademoiselle Des-Autels, *Nymphe.*

SI vous alliez quelque fois
Seule au bois
On pourroit bien en médire,
Et j'apprehende pour vous;
Cet air languissant & doux
Il attire
Le Satyre.

Pour Mademoiselle de la Valiere, *Nymphe.*

CEtte beauté depuis peu née,
Ce teint & ses viues couleurs;
C'est le Printemps auec ses fleurs
Qui promet vne bonne année.

Pour Mademoiselle de Pont, *Nymphe.*

PArmy tous les apas dont vous estes pourueuë
Vostre legereté vous dérobe à la veuë;
Elle est dans vostre Dance en vn si haut degré
Qu'Amour mesme s'en estonne,
Luy qui trouue que personne
Ne va trop viste à son gré.

III. ENTRÉE.

LE Theatre change de face & la saison du Printemps vient à paraistre, representée par vn Iardin orné de fleurs & de parterres, d'où Flore sort suiuie de quatre Iardiniers.

Flore. Le Sieur de Lorge.
Iardiniers, Le Conte de Sery. Le Marquis de Genlis.
Messieurs Bontemps, & d'Heureux.

Le Conte de Sery, *Iardinier*.

IE voy de jour en jour croistre vne jeune Plante
Qui vaut mieux que l'œillet, la Rose, & le Iasmin,
En éclat, en odeur le reste elle suplante,
C'est la plus belle Fleur qui soit en mon Iardin.

Pour le Marquis de Genlis, *Iardinier*.

IE cultiue vn Iardin propre & bien conserué
Où mes adroites mains sont rarement oysiues;
Il semble que mon Teint soit aussi cultiué,
Mais il ne brille pas de fleurs qui soient si viues.

IV. ENTRÉE.

LA Scene s'estant promptement changée en vn champ semé d'espics de bled representant la saison de l'Esté: Ceres suiuie de huict Moissonneurs fait la quatriesme Entrée, precedée d'vn Concert champestre de plusieurs autres Moissonneurs.

Ceres, LE ROY.

Moissoneurs, Le Comte de S. Aignan.
Messieurs Lully, de Verpré, & Bruneau. Les Sieurs Beauchamp, Reynal, le Conte, & la Pierre.

LE ROY. *representant Ceres.*

DEstin, vous le vouliez, par vostre ordre tout pur
La Terre a dû souffrir qu'vn fer trenchant & dur
Luy déchirast le sein dans vne rude Guerre;
Maintenant s'en est fait, & de ma propre main
Ie séme heureusément sur cette mesme Terre
Dequoy donner la vie à tout le genre Humain.
Non ie ne veux plus voir les Peuples accablez,
Moy-mesme ie feray le partage des Blez,
Et ie pretends qu'à moy s'adresse tout le monde:
Qui prend d'autres chemins ne sçauroit faire pis,
Ma seule volonté liberale & feconde
Dispersera les grains qui sortent des épis.

Le Conte de S. Aignan, *Moissonneur.*

QVe ie doy d'encens à Ceres,
Dont la bonté m'est si propice,
Contre les autres Dieux ie prends ses interests,
Et ie luy garde encor du sang en sacrifice,
Mon cœur s'en souuiendra tant qu'il sera viuant;
Elle a trop bien payé mes labeurs & mes peines,
Qu'il fasse desormais de la gresle & du vent
Me voila satisfait & mes Granges sont plaines.

V. ENTRE'E.

LA face du Theatre change auec la mesme promptitude & deuient vn vignoble couuert de grapes de raisins, & d'autres fruits de la saison de l'Automne: Quatre Vendangeurs & autant de belles Vendangeuses, y font la cinquiesme Entrée.

Vendangeurs, MONSIEVR. Le Conte de Guiche, Le Marquis de Villeroy, & le Sieur Des-Airs.

Vendangeuses, Madame de Villequier, Mademoiselle de Montausier, Mademoiselle d'Arquian, & Mademoiselle de Barbesiere.

Pour MONSIEUR, *Vendangeur.*

Q*Ve voſtre bon-heur eſt inſigne*
D'auoir vne ſi belle Vigne
Et ſi digne du Vendangeur
Attaché là de tout ſon cœur!
Oüy ſans doute elle eſt belle & bonne,
Et vous y procedez d'vn train
Qui fait croire que dans l'Automne
Le muid pourroit bien eſtre plain;
Eſcoutez cependant l'auis que je vous donne,
Encor que vous ſoyez trop fin
Pour en faire part à perſonne.
Ne vous enyurez pas de voſtre propre vin.

Pour le Conte de Guiche, *Vendangeur.*

V*Ous eſtes beau, bien-fait, jeune, de bonne taille,*
Baſty comme vn Garçon que l'on veut qui trauaille,
Et n'eſtes ſoupçonné d'auoir aucun defaut:
Mais pour en bien parler, voſtre juſte loüange
N'eſt pas tant de ſçauoir vendanger comme il faut,
Que de ſçauoir des mieux preſcher ſur la vendange.

Pour le Marquis de Villeroy, *Vendangeur.*

T*Rauaillez à la vigne, & vous y rendez Maiſtre,*
Sur tout gardez-vous bien d'eſtre vn peu trop toſt las,
Et tellement oyſif qu'on ait peine à cognaiſtre
Si c'eſt le Vendangeur où ſi c'eſt l'Echalas.

Pour Madame de Villequier, *Vendangeuſe.*

A*Vx miſteres d'vn Dieu vous eſtes deſtinée,*
Pour luy viſiblement vous ſemblez eſtre née,
Mais de s'imaginer que c'eſt le Dieu du vin,
Il faut eſtre ſans doute vn merueilleux Deuin.

Mademoiselle de Montausier, *Vendangeuse.*

AVecque soin ie trauaille
A former cette liqueur
Qui fait reuenir le cœur:
Mais quelque loin qu'vn cœur aille
Il ne faut pas s'en mettre en plus grands frais,
Encore moins courir apres.

Pour Mademoiselle d'Arquian, *Vendangeuse.*

IE vous souhaite vne moitié
Que vous vouliez & qui vous veule,
Car c'est vne grande pitié
Que de vendanger toute seule.

Pour Mademoiselle de Barbeziere, *Vendangeuse.*

AMour vous guette en tous lieux,
Gardez qu'il ne vous atrape,
Vous auez de certains yeux
Qui semblent mordre à la grape.

VI. Entrée.

ON voit encore rechanger la Scene auec la mesme diligence ; & elle deuient vn Hyuer tout couuert de glaces & de neiges qui font apprehender cette fascheuse Saison: Six Gallands impatiens de quitter la campagne & de retourner à la Ville, paroissent dans la gayeté que leur cause l'esperance d'vn prompt retour.

Gallands. Le Duc de Guyse. Le Conte d'Armagnac. M. d'Heureux. Les Sieurs Beauchamp, Reynal, & de Lorge.

Le Duc de Guise, *Galand.*

IE ne sçay comme quoy ie me suis auisé
De me mettre en Galand de peur que ie paroisse;
Est-il personne icy qui ne me recognoisse
Et qui puisse penser que je sois déguisé?

Le Conte d'Armagnac, *Galand.*

SI la Galanterie est un noble talant
Qui mette vn jeune homme en estime,
Ie ne sçay, mais du moins si l'on me voit Galand
C'est pour vn suiet legitime.

VII. ENTRÉE.

A Peine les Gallands se sont retirez, que sept Masques viennent apporter vn Momon.

RECIT DES MASQVES.

Chanté par M. le Gros.

AVX DAMES.

OBjets charmans & rares
De peur de vous fascher,
Sous des formes bizares
Nous voulons nous cacher:
Que sert nostre entreprise?
Le monde se déguise
Pour n'estre pas conu,
Mais l'Amour va tout nu.

Ce masque dont l'vsage
Tient les gens en erreur,
Est fait pour le visage
Et non pas pour le cœur:
Que sert nostre entreprise? &c.

Mademoiselle de Verpré *dansant vne Sarabande.*

Masques, Monsieur le Duc. Le Conte de S. Aignan. Le Marquis de Villeroy. Le Marquis de Genlis. Messieurs Bontemps, & Coquet, & le Sieur Des-Airs.

Monsieur le Duc, *Masque*.

EN cette occasion sous vn habit fantasque
Il me plaist de cacher le poste que ie tiens;
Dans vne autre meilleure ayant leué le masque
On sçaura qui je suis peut-estre & d'où je viens.

Le Conte de S. Aignan, *Masque*.

AVX DAMES.

SI ie me tiens couuert c'est afin de vous plaire,
Et contre mon honneur ie ne croy point pécher,
Il me seroit aillieurs honteux de me cacher,
Et Venus fait icy ce que Mars n'eust sceu faire.

Le Marquis de Villeroy, *Masque*.

I'Ay veu les passions n'estant ny pour ny contre,
Ie cherche à me ranger maintenant sous leurs loix,
Et ne vays déguisé qu'afin que je rencontre
A qui me découurir pour la premiere fois.

Le Marquis de Genlis, *Masque*.

IE suis tellement circonspect
Que j'ay peur d'efrayer le monde à mon aspect,
Et ma discretion va mesme
A craindre d'estre veu de la Beauté que j'ayme.

VIII. ENTRE'E.

LA Scene qui representoit l'Hyuer se rechange en vn Iardin où le Printemps suiuy du Ieu, du Ris, de la Ioye, & de l'Abondance, vient regner à jamais.

Le Printemps, LE ROY.

Le Ieu, Monsieur Lully. *Le Ris*, le Sieur le Conte.

La Ioye, le Sieur Reynal.

L'Abondance, Le Sieur de la Pierre.

Pour SA MAIESTE'. *Le Printemps.*

L*A jeune vigueur du* Printemps
A dißipé le mauuais temps,
Tous ces vents mutins & fantasques
Qui parmy des broüillards épais
Causoient de si grandes bourasques
Ont esté bannis pour jamais,
Et dans l'air il a mis vne profonde Paix.

Cette Saison qui plaist si fort
R'enuoye aux froids climats du Nort
L'Hyuer qui nous liuroit la guerre,
Et produit pour nostre bonheur
Au plus noble endroit de la Terre
La grande & l'immortelle Fleur
Qui par toute l'Europe épandra son odeur.

IX. ET DERNIERE ENTRE'E.

LEs neuf Muses guidées par Apollon, & par l'Amour, viennent s'establir dans Fontainebleau, les aymables Sœurs estans accompagnées des sept Arts liberaux, de la Prosperité, de la Santé, du Repos, de la Paix, & des Plaisirs de toute sorte qui ne doiuent plus abandonner ce beau lieu; Et finissent le Ballet par vn charmant Concert d'Instruments.

Apollon. Le Duc de Beaufort.

L'Amour. Le petit Iules du Pin.

Muses.

Mademoiselle de Mancini. La Comtesse d'Estreé. Mademoiselle d'Arquian. Mademoiselle de Laual. Mademoiselle de Saluces. Mademoiselle de Cologon. Madame de Comminges. Mademoiselle de la Mothe-Hodancourt. Mademoiselle Stuard.

Le Duc de Beaufort, *Apollon.*

TOujours jeune & toujours blond
Je brille entre ces Pucelles
Passant le temps auec elles
Sans qu'il me paroisse long,
Mais au milieu de ma joye
A chaque moment j'enuoye
Mes vœux secrets à Daphné,
Pour moy plus froide que marbre,
Et je me voy condamné
A soupirer pour vn Arbre
Qui ne m'a jamais produit
Ny de feüilles ny de fruit.

Pour Mademoiselle de Mancini, *Muse.*

CEtte petite Muse en charmes en attraits
N'est à pas vne inferieure,
Aussi pas vne jamais
N'eut l'esprit & le sein formez de si bonne heure.

La Contesse d'Estrée, *Muse.*

SI mes yeux & mon chant marquent de la langueur
Ie n'en doy receuoir ny reproche ny blasme,
Et cette passion dont je chatoüille l'ame
Est toute dans ma voix sans estre dans mon cœur.

Pour Mademoiselle d'Arquian, *Muse.*

LEs doctes Filles de memoire
D'vn goust diuers
Ayment toute espece de vers;
Mais si vous osiez vous en croire,
Toutes n'auriez vous pas les sentimens enclins
Aux Masculins?

Pour Mademoiselle de Laual, *Muse.*

ON s'imagine à tort les Muses surannees;
Il ne faut que vous voir pour n'en croire plus rien,
Et vous nous détrompez bien
Auecque vos douze années.

Pour Mademoiselle de Saluces, *Muse.*

IL n'est rien de plus doux, il n'est rien de plus beau
Vos Compagnes peut-estre en seront offencées;
Mais je n'en cognoy point qui soit dans le Trou peau
Capable comme vous d'inspirer des pensées.

Mademoiselle de Cologon, *Muse.*

LEs Muses comme nous aymables & bien faites
Ne s'accommodent pas des œuures imparfaites
Et craignent ces Autheurs dont les productions
Sont plus qu'il ne conuient plaines de fictions.

Madame de Comminge, *Muse.*

I'Ay parmy toutes ces belles
Le rang que j'y dois auoir,
Et sçay ce qu'on peut sçauoir
Entre les doctes Pucelles.

Pour Mademoiselle de la Mothe-Hodancourt, *Muse.*

CEtte Muse est jeune est aymable,
Belle, & de tout point estimable;
Mais je suis dans vn grand abus
Si quelque mine qu'elle fasse
Elle tient conte du Parnasse,
De Pegaze, ny de Phébus.

Pour Mademoiselle Stuart, *Muse.*

VNe Muse si douce enchante qui la voit,
L'ame la moins sensible en demeure piquée:
Si l'on en croit ses yeux je doute qu'elle soit
Toujours vainement inuoquée.

Le petit Iules du Pin. *Amour.*

I'Estois Chouette & suis l'Amour,
Ce sont deux Oyseaux celebres
Qui tous deux craignent le grand iour,
Et n'ayment que les Tenebres.

Fin du Ballet.

www.ingramcontent.com/pod-product-compliance
Lightning Source LLC
LaVergne TN
LVHW010331230826
846091LV00009B/3817

9782011905314